AF174558

Primera edición: febrero 2024

© Autor: Cristián Sahli Lecaros

Ilustraciones de portada e interior: Bea Trigo

Maquetación: Juan Carlos Adame

Impreso en España. Printed in Spain
Depósito legal: M-4937-2024
ISBN: 978-84-19431-36-3

Impresión y encuadernación:
  Editorial Didaskalos
  Valdesquí 16, Madrid 28023
  www.editorialdidaskalos.org

Queda prohibida, salvo excepción, prevista en la ley, cualquier forma de reproducción, distribución, comunicación pública y transformación de esta obra sin contar con la autorización de los titulares de la propiedad intelectual.
La infracción de los derechos mencionados puede ser constitutiva de delito contra la propiedad intelectual (arts. 270 y ss. del Código Penal).

CRISTIÁN SAHLI LECAROS

ÁRIE,
EL PERRITO DEL CALVARIO

didaskalos

Algunos lectores se preguntarán si era frecuente tener mascotas en Israel al inicio de la era cristiana. Quiero aclararles que sí, y que esos animales de compañía eran habitualmente perros. Yo fui uno de ellos y me llamo Árie.

No conozco el momento en que los perros empezamos a existir. Poco antes de morir, mi abuela Nóga me explicó que, probablemente, existen desde que Adán y Eva habitaron la Tierra o muy poco después. La ciencia ha explicado que pertenecíamos a la familia de los lobos y que, con el tiempo y gracias a la domesticación humana, nos volvimos más apacibles y sociables que ellos.

Los romanos, que llevan casi ochenta años invadiendo nuestra tierra palestina, nos llaman "canis familiaris". Tienen razón, porque somos animales a los que nos gusta convivir con los humanos y agradecemos sus cuidados. Estoy seguro de que la mayoría de ellos también disfruta de nuestra compañía.

Lo mejor para un perro es ser acogido en una buena familia, porque desde el primer momento te consideran parte de ella, te diviertes mucho con los niños, ves crecer a sus integrantes y a todos les agrada que los defiendas en los peligros. Sin embargo, es evidente que no todos los perros gozan de esa fortuna.

Por eso, nuestra felicidad depende del amo que nos haya caído en suerte, de ahí la importancia de que sea bueno. También se puede optar por ser un perro vagabundo, pero, a la larga, la soledad y el aislamiento son muy duros.

Hago esta introducción para remarcar la importancia de las circunstancias, ya que soy un perro favorecido y debo agradecer al cielo mi suerte.

Nací en Nazaret y no tengo todavía muchos años. Como ya he dicho, en Palestina está de moda tener un perro de mascota. Hace poco supe que algunos amos, poco antes de morir, piden que se les entierre con sus perros. Se trata de una práctica reprobable porque al perro lo entierran vivo, pero demuestra hasta qué punto el ser humano considera su existencia unida a la nuestra.

Mi amo se llama José y mi ama, María. Soy la tercera mascota que han tenido después de mi abuela Nóga y de mi madre Shíra. De mi padre y mi abuelo no sé casi nada, pero nadie debe alarmarse porque así suele suceder en la vida canina. Es nuestra madre la que nos cría un tiempo breve y luego nos arroja a la vida. Somos más autosuficientes que los humanos y esa es la razón por la que nos atrae protegerlos.

Nóga me explicó que José la adquirió en una feria cuando era pequeña y se la regaló a María poco tiempo después del matrimonio. José quería que su esposa no estuviera sola mientras él trabajaba en el taller. Mi abuela sirvió fielmente a los esposos hasta su muerte. Ella participó del inolvidable viaje a Belén.

Allí, en esa noche pobre y luminosa, Nóga vio nacer a Jesús. ¡Me lo contó tantas veces y siempre con la misma emoción!

—Fue el momento más maravilloso y sorprendente de mi vida —repetía—. Sucedió en un establo, a las afueras de Belén. Una estrella vino de oriente, se oyó un canto angelical, los primeros testigos fuimos un burro, un buey y yo; luego llegaron los pastores. Sin embargo, lo más hermoso era el recién nacido. ¡Qué belleza! ¡Qué grandeza! ¡Qué dignidad!

Lo decía acariciando su recuerdo y saboreando cada palabra. Luego hablaba del asombro que le causó ver a los camellos y a los reyes de oriente. El olor del incienso la cautivó, quedó asombrada del brillo del oro y se preguntaba para qué serviría la mirra. Mi abuela murió pensando en ese recuerdo, se durmió en paz cuando yo todavía era pequeño.

En cambio, mi madre, Shíra, no tenía nada tan llamativo que contarme pues su historia había sido corriente. Me hablaba mucho de la importancia de lo cotidiano, del amor en la vida doméstica, de la atención y del cariño de María y José entre ellos y con Jesús.

—¡También yo me doy cuenta, es evidente que esta familia tiene algo especial, no hace falta que me lo digas! —le respondía muchas veces con altanería.

Mi madre murió antes de lo que todos hubiésemos querido, de una triste enfermedad. Ahora reconozco que ella comprendía mucho mejor que yo lo que sucedía en ese hogar.

Recuerdo muy bien que, durante su entierro, Jesús me tomó en sus brazos. No solía hacerlo porque sabía que no me agradaba demasiado que me trataran con mimos y ternuras. En ese día tan triste, sin embargo, se lo agradecí, porque lloraba desconsolado, a pesar de ser un animal valiente. Para alentarme, me dijo al oído:

—Tranquilo, Árie, María y José te van a cuidar con gran cariño.

Levanté mis orejas agradecido y consolado. Con un suave ladrido le pregunté si acaso él me cuidaría también. Me contestó al instante:

—Yo debo recorrer todas las ciudades y aldeas enseñando en las sinagogas, predicando el Evangelio del Reino y curando todas las enfermedades y dolencias. Saldré dentro de poco.

No pude evitar un quejoso gruñido.

—Me encantaría que me acompañaras —agregó Jesús—, pero es preferible que te quedes con mi madre. Ya ves que José está enfermo y su situación se puede agravar en cualquier momento. Quizá mi Padre del Cielo quiera que vaya pronto junto a Él.

Sus palabras me causaron tanta pena que escondí la cabeza en su pecho, sin saber cómo reaccionar. Todo lo que él decía se cumplía.

Jesús comprendió mi angustia y me dijo:

—Te aguardará una importante tarea, la de acompañar y proteger a María. No olvides que ella es la mujer más grande del universo y tú serás su custodio.

Me sentí honrado y feliz, y de pura alegría me moví tanto en sus brazos que Jesús se vio forzado a dejarme en el suelo. Desde ese momento desaparecieron mis penas y corrí a los pies de María, dando saltos y campaneando de gozo y emoción. Ella no entendía bien qué me pasaba y Jesús no se lo explicó.

Esa noche sentí nostalgia de José y de Jesús al saber que pronto partirían. Recordé tantos momentos alegres vividos junto a ellos.

Pocos días más tarde, José tosía cada vez con más intensidad y su rostro se veía desmejorado. Le oí comentar a María que algunas jornadas previas había sufrido leves ahogos al hacer esfuerzos en su taller, pero no habían pasado a mayores. Me daba lástima ver así a José después de haberlo conocido vigoroso y saludable.

Un día cualquiera, antes de salir de su casa para dirigirse al taller, se desmayó. María corrió a ayudarlo. Al poco volvió en sí y prefirió recostarse. Dijo que había sentido su corazón latir descompasado hasta perder el sentido.

En la tarde, más recuperado, aunque sin fuerzas todavía para trabajar, salió a dar un paseo con Jesús cerca de la casa. Yo me quedé en la cocina y oí a María rezar:

–No te lo lleves todavía, Padre mío, necesito a José –dijo–, pero que se haga tu voluntad.

Entonces me acerqué a ella dando suaves aullidos para unirme a su oración y comunicarle el mensaje de que siempre la acompañaría. María me acarició.

La semana siguiente fue difícil. José se veía cansado y decía notar que su corazón no funcionaba como debía. María y Jesús lo acompañaban, especialmente cuando su respirar se hacía más fatigoso. Los tres hablaron mucho durante esos días y sus rostros reflejaban abandono y paz.

Una tarde, a eso de las ocho, José sintió un intenso dolor en el pecho. Se dobló sobre sí mismo. María lo abrazó y yo corrí a llamar a Jesús. Al llegar, José susurró:

–Que mi dolor sea uno con el tuyo.

Yo no pude comprender el sentido de esa frase.

Luego perdió el conocimiento.

Lo tendieron en la cama. María, de rodillas junto a él, no pudo reprimir el llanto y Jesús también lloró. Yo aullé de pena y dolor, queriendo que toda Palestina se enterara de la partida del mejor de los padres.

Al día siguiente fue el funeral. Caminé hacia el cementerio bien pegado a los pies de María para que notara mi cercanía. Jesús lideraba el cortejo fúnebre. Antes de enterrarlo dijo unas palabras maravillosas, que nos devolvieron la paz y la alegría a mí y a los parientes que nos acompañaban.

Pasaron algunas semanas y Jesús avisó a su madre que comenzaría su predicación. Se despidió de ella con gran cariño y a mí me hizo cosquillas en el cogote.

–No olvides tu misión –me dijo–, cada uno ha sido creado por mi Padre con una tarea para cumplir en este mundo: tú tienes la tuya y yo la mía.

Moví la cabeza en señal de afirmación y me enderecé como un soldado para demostrar que comprendía mi responsabilidad. Me sentí orgulloso del encargo que me confiaba.

–Cuidaré con esmero a María –le respondí con un claro ladrido.

Jesús marchó solo por el camino con una alforja como único equipaje. Su madre lo miraba silenciosa. Al perderlo de vista, tras un recodo, levanté mis ojos y la observé. Dos lágrimas resbalaban por sus mejillas. Pronto se dio la vuelta y entró en la casa.

–Para eso ha venido –la oí musitar.

Por la tarde María realizó su habitual recorrido de atención a ancianos y enfermos, y yo la seguí sabiendo que eso era lo que Jesús quería de mí.

A un mes siguió otro y así. De vez en cuando llegaban a María noticias de Jesús: que predicaba la buena nueva y las muchedumbres lo seguían; que lo ayudaban doce apóstoles y algunas mujeres; que recorría toda Palestina sanando enfermedades y dolencias del alma.

El primer año de ausencia, en dos o tres ocasiones, pasó a ver a su madre y fueron días muy felices. Por esas fechas hizo algunos milagros y yo fui testigo de ellos. ¡Curó a un paralítico delante de mis narices! ¡Fue impresionante el modo en que se sanaron esos muñones y huesos torcidos! ¡Y el mudo que comenzó a hablar causó gran impresión a todos! En esos momentos prodigiosos yo correteaba de un lado a otro, saltando y contoneándome de orgullo y alegría.

Las veces que estuvimos juntos, Jesús me trató con gran cariño. Lo vi explicar a sus apóstoles que los animales somos criaturas de Dios a los que rodea de su solicitud providencial. Les dijo que se nos puede amar, pero no se puede desviar hacia nosotros el afecto debido únicamente a los humanos. Yo moví la cola feliz de que se me ame como lo que soy: un perro ¡nada más y nada menos!

Luego de esa enseñanza, los doce apóstoles me hicieron algunas carantoñas, pero sobre todo me divertí con Juan, el más joven de ellos. Es un muchacho estupendo y atlético, jugamos juntos largo rato. Él me tiraba un trozo de madera y yo corría a recogerlo mientras el palo daba botes y rebotes en el suelo. Corrí como nunca y terminé feliz y con la lengua afuera.

A finales del segundo año de predicación de Jesús las noticias cambiaron de color. María recibió comentarios de que lo perseguían por sus buenas obras. Ella sabía que era por el orgullo de quienes no querían aceptar su doctrina salvadora. Las autoridades religiosas iban por delante en el acoso. María estaba preocupada y decía que pronto se cumpliría la profecía de Simeón. Yo no sabía a qué se refería, pues mi madre y mi abuela no me habían hablado de esa predicción.

Quedaban pocos días para la fiesta de Pascua. María recibió una infeliz noticia. Se la dijo Salomé: los príncipes de los sacerdotes y los ancianos del pueblo se habían reunido en el palacio de Caifás, el sumo sacerdote, y habían acordado apoderarse de Jesús con engaño y darle muerte. No querían hacerlo durante la fiesta, para que no se produjese alboroto entre el pueblo, pero estaban determinados.

María tuvo el presagio de que todo se adelantaría y decidió trasladarse de inmediato a Jerusalén junto a algunas mujeres. Yo fui con ellas.

Llegamos el mismísimo día de Pascua. En el centro de la ciudad, y de modo inesperado, reconocí a mi amigo Juan, el joven apóstol juguetón. Le di un par de ladridos para llamar su atención.

Me vio y se acercó a nosotros. No estaba tan alegre como la última vez. Se le veía alarmado y nervioso. Le relató a María lo que había sucedido la noche anterior en el huerto de Getsemaní, donde se hallaba Jesús con sus discípulos: la llegada de una tropa armada y la traición de Judas al Maestro señalándolo con un beso. Luego, los golpes y el apresamiento. Los apóstoles habían huido dominados por el pánico.

—Yo también —confesó Juan compungido—, pero he rectificado y estoy aquí para dar la cara por Jesús.

A mí se me erizaron los pelos de rabia. "¿Quién podía atreverse a maltratar a Jesús? —me pregunté— ¡Tendrá que vérselas conmigo ese malintencionado!" No ladré, aunque quizá debí haberlo hecho, y me determiné a defender a mi amo con todas mis fuerzas.

Luego Juan nos contó que habían llevado a Jesús a la casa del sumo sacerdote para ser interrogado por el Sanedrín. Lo habían condenado tras un juicio injusto. Ahora querían ir donde Poncio Pilatos, el procurador de Roma, para pedirle que aplicara la pena más cruenta: ¡la muerte de cruz!

Al oír esas palabras a María le faltaron las fuerzas y se apoyó en Juan. Yo me pegué a sus pies. Después de unos segundos, ella nos dijo:

—¡Vamos, encontremos a Jesús que necesita de nosotros!

Nos dirigimos ágilmente hacia el pretorio, la residencia oficial de Pilatos. Allí encontramos a una multitud exaltada y vociferante que pedía la cruz para Jesús. Juan preguntó dónde estaba el Maestro y le dijeron que el procurador lo había enviado a Herodes. Antes de poder hacer nada, nos anunciaron que volvía remitido a Pilatos por Herodes.

Ya había pasado el mediodía y estábamos inquietos. Yo tenía deseos de morder a los que hablaban mal de Jesús, que era la mayoría de los presentes. Pero él mismo me había

enseñado a no juzgar a las personas y a no hacerles daño si no era para defenderme de una agresión injusta. "¿Y qué más injusto que esa farsa de juicio?" –me preguntaba desesperado.

Me quedé pegado a los pies de María, esa era mi misión. Ella tenía el gesto más acongojado que jamás le hubiera visto. Pasaron unos minutos que consideré una eternidad. De pronto, se hizo el silencio. Se abrió una cortina y salió Pilatos, con el rostro tenso y altivo. Un soldado empujó a Jesús, que venía maniatado y cabizbajo.

¡Lo habían golpeado con saña! Lo aprecié perfectamente, se veía a la distancia. No pude contenerme y me puse a ladrar como un poseído, furibundo como estaba. María me pidió que callara para oír lo que iba a decir el procurador. Le obedecí.

Pilatos preguntó a voz en grito si con motivo de la fiesta querían que soltara a Barrabás, un preso famoso, o a Jesús, el llamado Cristo. La multitud contestó que a Barrabás y bramó pidiendo que crucificaran a Jesús. ¡No lo pude creer! Iba a volver a ladrar cuando Pilatos habló nuevamente. Intentó defender a Jesús, pero la multitud, instigada por sus jefes, gritó con más barbarie que lo mataran.

En ese momento perdí la cabeza y me lancé a perseguir a los instigadores y alborotadores que pedían la vida de mi amo. No buscaba morderlos, solo disuadirlos con mis ladridos. En mi carrera recibí varias patadas y golpes, y volví donde

María adolorido y cojeando. El peor fue un golpazo que me desencajó un poco la mandíbula, aunque no me impidió seguir ladrando.

La siguiente noticia que recibimos fue que se llevaban a Jesús para flagelarlo, era un último intento de calmar al pueblo. Intenté ir dónde él estaba, pero María me contuvo. Pronto se oyó a la distancia el golpear de las correas. Fue un castigo largo, inhumano. Noté que María temblaba y se secaba muchas lágrimas.

Por fin hubo movimientos en el pretorio. Entonces me escabullí movido por un ímpetu incontrolable sin que María alcanzara a detenerme. No sé qué me habría dicho Jesús al ver mi arranque y el abandono de su madre, pero ya me había arrojado en su búsqueda.

Avancé ágilmente y me colé por los pasillos del pretorio hasta un gran patio. ¡Ahí estaba Jesús! ¡Ensangrentado de pies a cabeza! ¡Los soldados se burlaban y le preparaban una corona de espinas! ¡Le gritaban con brutalidad! ¡Le llamaban rey de los judíos con ironía manifiesta!

Entonces no pensé y me arrojé a morder a los soldados ladrando como si fuera un león. Ellos alcanzaron a reaccionar cubriéndose con sus escudos, y el que llevaba un látigo con bolas metálicas me azotó violentamente. Sentí como el hierro se hundía en mi carne y me la despedazaba al salir. El dolor fue insoportable y quedé tendido. Comprendí que era uno de los flagelos que habían usado con Jesús.

Miré a mi amo como pude y él también lo hizo. Esbozó una sonrisa torcida por el dolor para agradecerme y noté que susurraba:

–Querido Árie.

Su actitud me dio fuerzas para volver al ataque, pero él me hizo un gesto para que lo dejara y regresara junto a María. Me arrastré hasta salir del patio intentando no ser notado, y ya lejos del alcance de los soldados, escapé.

María me acogió con cariño. Comprendió que había estado cerca de su hijo. Me cubrió el cuerpo con un gran pañuelo que llevaba ajustándolo a mi pecho y apretando bien las costillas. Me contuvo el sangrado y pronto me sentí mejor.

Minutos más tarde sacaron a Jesús a la calle. Volvió a acumularse el gentío. Pilatos confirmó la sentencia de muerte persuadido por los fariseos y los príncipes de los sacerdotes. Entonces, cargaron una inmensa cruz sobre Jesús. Yo hervía de cólera por dentro, con una mezcla de rabia y dolor. Quería demostrar mi fiereza, pero María volvió a retenerme.

Jesús abrazó la cruz con amor, con el mismo afecto con que estrechaba a María y a José y con el que, tras la muerte de mi madre, me había abrazado a mí. Miré a María pidiéndole que me dejara libre.

—Ve a defender a Jesús, sigue tu amoroso instinto —me dijo al fin.

Entonces me arrojé contra los soldados gruñendo, mostrando todos mis dientes y haciendo rechinar mis colmillos. Quería morderlos para defender a Jesús, pero no me era fácil clavar los dientes en las gruesas sandalias de cuero que protegían sus pies. De todas maneras, me acerqué y me alejé, amenazante y bravío, molestándolos lo más que podía y ladrando con violencia.

De pronto vi un flagelo y temí. Retrocedí hacia la multitud buscando a María, sin encontrarla. En ese momento todo era confusión y alboroto. Volví la mirada a Jesús: unos le escupían, otros lo maldecían y todos deseaban humillarlo. Me pregunté qué mal había hecho y por qué tanto odio contra un hombre de bien, que transmitía un mensaje profundo y liberador.

Mi amo miraba a todos con ojos de perdón. Se le veía confuso y mareado. De pronto cayó violentamente bajo el peso de la cruz. Ese penoso golpe me incitó a volver a la batalla.

Fui directo hacia el soldado más cercano y lo amenacé, sin percatarme de uno que me venía por detrás. El muy canalla me pilló desprevenido y me dio una violenta patada en el estómago. Apenas alcancé a girarme cuando otro me lanzó un puntapié en el hocico.

Todo empezó a girar en mi cabeza, y tanto o más desfallecido que Jesús, alcancé a retirarme hacia la multitud. De pronto, sentí unas manos cálidas que me recogían y olí el encantador aroma de María que me estrechaba compasiva. Apenas pude volver en mí, distinguí su rostro cariñoso.

–Gracias, Árie, has sido muy valiente –me dijo.

Noté que el volumen de los gritos aumentaba y se debía a que Jesús estaba cerca. María me dejó en el suelo para centrarse en su hijo, que pasaba a dos pasos de distancia cargando la cruz.

–¡Se ha cumplido la profecía! –exclamó para que él pudiera oírlo– ¡Una espada traspasa mi alma!

Jesús la miró con un gesto amoroso que solo ella y yo pudimos advertir en su rostro desfigurado.

Me determiné nuevamente a defenderlo. Ya me había separado de María y volví a la carga contra la tropa brutal. Mis fuerzas habían disminuido, pero todavía era capaz de moverme con suficiente habilidad. Molesté a los soldados desplazándome de un lugar a otro, gruñendo, ladrando y amenazando mordiscos.

Cedí algo de terreno cuando llamaron a un hombre para que ayudara a llevar la cruz de Jesús, y dejé que una mujer le enjugara su rostro mortecino. Ese respiro me sirvió para recuperar fuerzas.

Entonces cayó Jesús por segunda vez y el seco golpe me encolerizó. Saqué fuerzas de mi flaqueza, di un gran salto, y sin más miramientos, mordí en el muslo al mismísimo centurión que dirigía la operación.

Mi ataque desató no solo su ira sino también la de sus soldados. Un lanzazo vino a darme en plena cadera. El aullido que solté fue tan intenso que el mismo Jesús giró la cabeza. Eso provocó que recibiera un latigazo en sus pies y le gritaran que siguiera adelante.

Él y yo sangrábamos abundantemente. Aturdido, no tuve otra opción que mezclarme otra vez en la multitud y buscar a María. Había perdido su pañuelo en la refriega y era importante detener mi hemorragia. Me dolía todo el cuerpo, debía tener varias costillas rotas y otros huesos quebrados. Sentía ardores y las patas traseras apenas me respondían.

Igualmente, me arrastré para intentar seguir a Jesús. Lo vi caer por tercera vez y nada pude hacer. Mi esperanza comenzó a flaquear y pensé que moriría antes que mi amo. De pronto se acercó María, me tomó en sus brazos y me taponó la herida con su pañuelo enrojecido por mi sangre. Me llevó hasta la cumbre del Calvario y allí me dejó libre otra vez.

En ese momento, despojaron a Jesús de sus vestidos, de esa maravillosa túnica que su madre le había tejido. Había un

gran silencio interrumpido únicamente por las órdenes del centurión al que yo había mordido. Las daba con arrebato y violencia. Llevaba el muslo fajado.

Comprendí que lo que presenciaba no era más que una gran injusticia, una burla infame. Por eso me decidí a volver al asalto, malherido y jadeante, dispuesto a dar mi vida por Jesús, ya que él la daba por todos.

Me acerqué sigilosamente y mordí a un soldado que lanzaba dados para echar a suertes las vestiduras de Jesús. Gritó enfurecido unas imprecaciones que oyeron todos los circundantes.

El centurión y tres soldados vinieron contra mí. De uno de ellos recibí un seco puntapié en el tórax, y del otro, una brutal patada en la ijada que me hizo volar un buen trecho. Vine a caer al lado del travesaño de la cruz, en el preciso momento en que extendían los brazos de Jesús.

No podía moverme y me faltaba el aire, sentía un gran ahogo.

—¡Acaba con ese maldito y molesto perro de una vez! —oí que gritaba el centurión al soldado que estaba más cerca de mí. Pero no pudo obedecerle porque en ese momento estiraba el brazo izquierdo de Jesús y lo mantenía sujeto sobre el madero. Bien podría haberlo hecho, porque mi amo no oponía resistencia, pero el soldado desconfiaba.

De pronto sonó un violento golpe de martillo y el cuerpo de Jesús se crispó por el dolor: un inmenso clavo había traspasado su mano derecha.

Comprendí que ahora correspondía la izquierda. Me arrastré lentamente hacia Jesús. El clavo ya estaba presentado sobre su carne y los soldados no tenían tiempo que perder.

Alcé mis ojos y observé el martillo elevarse a una altura considerable. Y al ver que el verdugo lo hacía descender para dar el golpe, sin que nadie lo esperara, salté sobre la mano de Jesús para cubrirla con mi cuerpo.

Mi amo me miró en ese instante y le vi esbozar una sonrisa agradecida.

Esta vez el golpe no sonó, pero yo sentí una punzada de dolor indefinible. Todo se nubló a mi alrededor, y antes de perder conocimiento pude observar que el cuerpo de Jesús no se crispaba de dolor.

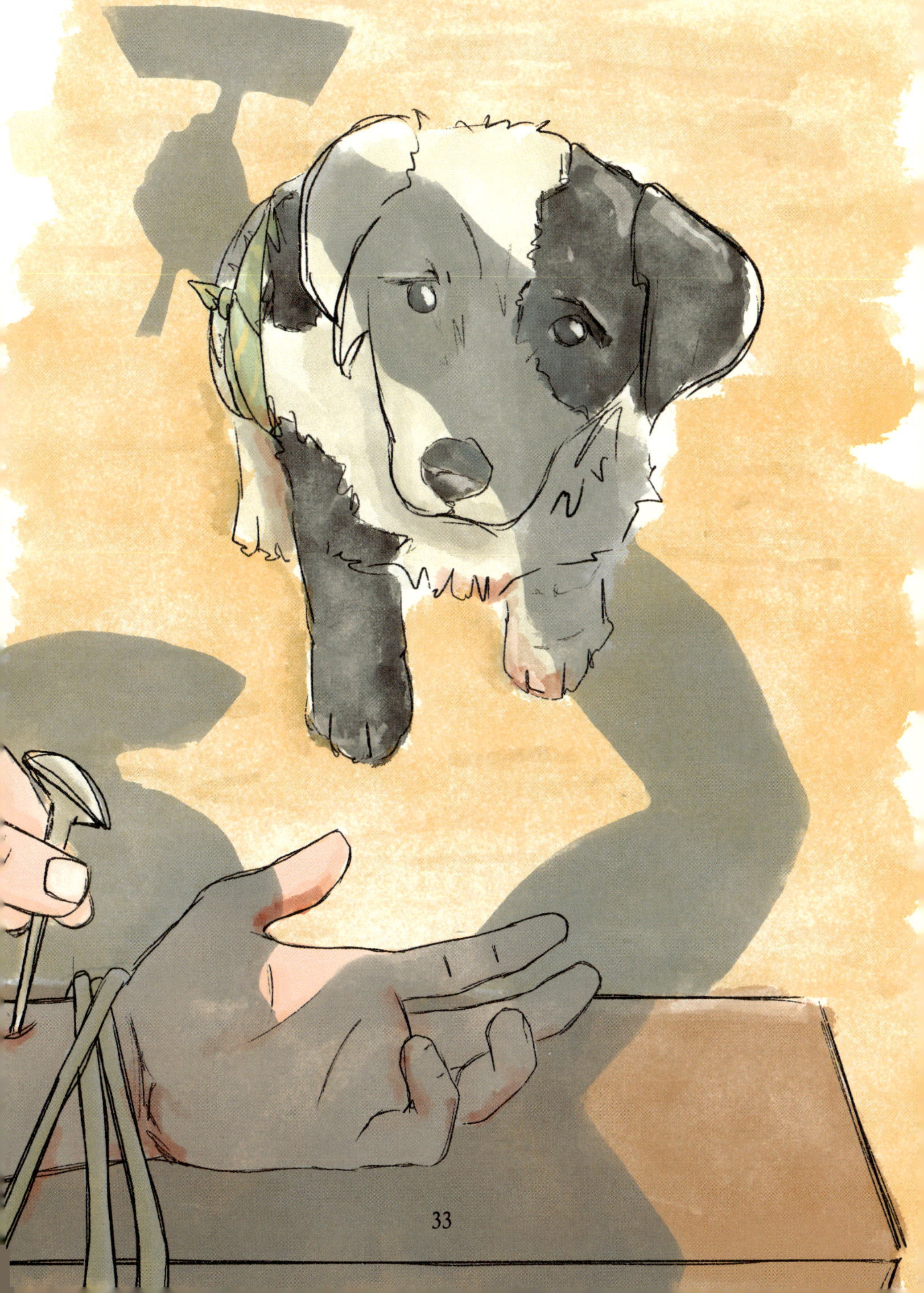

***

Hay quien dice haber visto el cuerpo inerte de un perrito llamado Árie en la cumbre del Calvario, mientras crucificaban a Jesús, pero nadie ha podido probarlo.

Lo único cierto es que los soldados alzaron la cruz con el crucificado. A sus pies estaban María, el apóstol Juan y otras santas mujeres; los demás testigos se fueron alejando poco a poco.

"Padre, en tus manos encomiendo mi espíritu", fueron las últimas palabras del ajusticiado. Todos las oyeron.

Jesús murió hacia las tres y la tierra tembló.

Con muchas lágrimas lo enterraron esa misma tarde en un sepulcro nuevo de José de Arimatea, un hombre rico e ilustre que seguía ocultamente a Jesús. Estaban allí María y otras mujeres, Juan y Nicodemo, uno que también lo seguía a escondidas y había llevado aromas para embalsamar el cuerpo.

Pasó el sábado.

El domingo de madrugada se produjo un gran terremoto porque un ángel del Señor descendió de lo alto al sepulcro, removió la piedra y se sentó sobre ella.

Jesús no estaba allí. Muchos dieron testimonio de que había resucitado y se cree en él hasta hoy; pero nadie ha oído hablar desde entonces de un perrito llamado Árie.

35